Inhalt

Generika - Biosimilars haben es schwer

Kernthesen

Beitrag

Fallbeispiele

Zahlen und Fakten

Weiterführende Literatur

Impressum

Generika - Biosimilars haben es schwer

Anja Schneider

Kernthesen

- Durch Verschreibung von Generika anstatt Originalmedikamenten wurden die gesetzlichen Krankenkassen in den ersten zehn Monaten 2013 um rund zehn Milliarden Euro entlastet.
- In den kommenden Jahren ist damit zu rechnen, dass Generikahersteller Marktanteile verlieren.
- Neue Medikamente sind immer häufiger Biologicals. Ihre Nachahmer, die Biosimilars, haben hohe Markteintrittsbarrieren zu bewältigen.
- Weltmarktführer Teva steckt in der Krise.
- Die Grenzen zwischen Originatoren und Generikaherstellern verwischen.

Beitrag

Tagestherapiekosten dank Generika gesunken

Generika sind Nachahmer-Arzneien, also Kopien ursprünglich patentgeschützter Arzneimittel. Sie sind günstiger als die originären Medikamente. Ärzte sollen die Patienten mit günstigen Generika behandeln anstatt mit teuren Originalen - gleiche Qualität und Wirksamkeit vorausgesetzt. Ihre Möglichkeiten dazu steigen: Das Marktforschungsinstitut IMS Health hat erfasst, dass in den ersten zehn Monaten des vergangenen Jahres 35 Generikaunternehmen 1 265 Generika neu auf den Markt gebracht haben. Bei 67 von 100 Verordnungen entschieden sich die Ärzte für ein Generikum. Dadurch wurden die gesetzlichen Krankenkassen von Januar bis Oktober um 10,08 Milliarden Euro entlastet.

Die Generika helfen also dem Gesundheitssystem bei der angestrebten Kostenreduzierung. In der Tat sind die Tagestherapiekosten für eine Behandlung mit Generika um ein Vielfaches geringer als die für patentgeschützte Arzneimittel. Die Rabattverträge der Generikahersteller mit den Krankenkassen sorgen für weiteren Preisabtrieb. (1)

Generikahersteller werden Marktanteile verlieren

Die Generikaanbieter hatten in den vergangenen Jahren leichtes Spiel in der Jagd um Marktanteile. Die Hersteller der Originalpräparate mussten in vielen Fällen erhebliche Umsatz- und somit Marktanteilsverluste hinnehmen. Doch allmählich wird es schwieriger, fette Beute zu machen. [Abb. 1]

Dies hat unterschiedliche Gründe:

Erstens: Originalhersteller haben Patentklippe bald hinter sich gebracht

Seit Jahren spricht die Pharmabranche von der Patentklippe, also davon, dass für eine ganze Reihe äußerst umsatzstarker Originalmedikamente (Blockbuster) der Patentschutz ausläuft. Patente und Schutzzertifikate schützen die geistigen Erfinder von originären Medikamenten fünfzehn bis zwanzig Jahre lang vor Imitation. Danach ist in der Regel der Markt für Kopien freigegeben, die Preise fallen. Allmählich aber haben die forschenden Originalhersteller das Schlimmste überstanden und bald die meisten Patentabläufe hinter sich gebracht. 2015 wird nochmal ein Höhepunkt sein, danach flacht die

Kurve deutlich ab. Jetzt müssen die neuen Medikamente aus den eigenen und zugekauften Labors zeigen, was sie können. Die Generikahersteller werden zwar in den nächsten fünf Jahren noch wachsen können, laut Branchen-Informationsdienst Evaluate Pharma von 70 auf 92 Milliarden Dollar Umsatz, doch dann wird das weitere Gewinnen von Marktanteilen schwierig. (2), (3)

Zweitens: Mangelhafte Qualität bei Generikaherstellern

Günstig ist nicht immer gut. Die Generikabranche verlor vereinzelt Marktanteile aufgrund hausgemachter Probleme, so etwa, wenn Hersteller die teils gestiegenen Qualitätsanforderungen nicht leisten konnten. Dies zeigten beispielsweise Produktionsprobleme beim indischen Generikahersteller Ranbaxy.

Drittens: Biologicals im Vormarsch, Biosimilars mit hohen Markteintrittsbarrieren

Die neuen Medikamente aus den Laboren der Pharmaforschung basieren immer häufiger auf biotechnisch hergestellten Wirkstoffen. Es handelt sich um patentgeschützte Original-Biologicals. Diese sind nicht so leicht nachzuahmen: Aufgrund der besonderen Herstellverfahren mit Hilfe genmodifizierter Zellen können diese Arzneien nicht eins zu eins kopiert werden, sondern nur in Form ähnlicher Substanzen, sogenannter Biosimilars. Sie sind erheblich aufwendiger herzustellen, erfordern leistungsstarke Forschung und Entwicklung und teure klinische Tests bis zur Marktzulassung. Biosimilars sind keine exakten Kopien, sondern Mittel, die eine große Ähnlichkeit zu den Originalen haben. In Europa sind derzeit 15 Biosimilars auf dem Markt. Die Behörden sind in der Zulassung zurückhaltend. Bei Generika kann der Preis um bis zu 90 Prozent geringer sein als beim Original, bei Biosimilars sind nur mit zehn bis 30 Prozent Preisabschlag zu rechnen. Infolgedessen wird das Geschäft für die Nachahmer schwieriger. Es wird nicht mehr so leicht sein, die Originalhersteller zu kopieren, sie preislich zu unterbieten und ihnen flugs Marktanteile abzujagen. Generikahersteller wie Teva und die amerikanische Merck konnten ihre ehrgeizigen Pläne für das Biosimilar-Geschäft bislang nicht so recht in die Tat umsetzen. (4), (3)

Dabei wäre das Potential verlockend und groß: Die zehn erfolgreichsten Biologicals erzielen weltweit einen jährlichen Umsatz von über 62 Milliarden US-Dollar. Bis 2020 werden neun von ihnen ihren Patentschutz verlieren. Biosimilars könnten dann durchstarten. Allerdings spielen laut CAMELOT Management Consultants Biologicals derzeit für nahezu drei Viertel der Generikahersteller sowie für die Hälfte aller Innovatoren noch gar keine große

Rolle. Eine gravierende Änderung sei nicht in Sicht. (5)

Viertens: Verschärfte Produkthaftung

Die amerikanische Zulassungsbehörde FDA will künftig Generikafirmen erlauben, ihre Produktinformationen unabhängig von denen der Originalmedikamente zu gestalten. Hört sich zunächst gut an. Doch diese unscheinbare Regeländerung dürfte nach Einschätzung von Fachleuten dazu führen, dass künftig Generikahersteller ebenfalls bei Fehlinformationen der Produkthaftung unterliegen. Das wiederum macht den Generikaherstellern das Leben im Zweifelsfall weniger gemütlich. (3)

Originatoren und Generikahersteller: Grenzen verwischen

Die ersten Folgen der derzeitigen Marktveränderungen sind bereits sichtbar. Teva, seit einigen Jahren die Nummer eins im globalen Generikageschäft, hat zu kämpfen. Im nächsten Jahr läuft der amerikanische Patentschutz für den wichtigsten Gewinnbringer des Konzerns aus: Copaxone, ein Präparat gegen multiple Sklerose, das rund 20 Prozent des Gewinns und 50 Prozent des Umsatzes ausmacht. In den zurückliegenden Jahren war der in Israel ansässige Konzern mit gefüllter Kasse beharrlich und beachtlich gewachsen. Er kaufte erst den Generikaproduzenten Ivax, dann den amerikanischen Hersteller Barr und schließlich sogar die deutsche Ratiopharm. Jetzt ist die Luft wohl knapper geworden. Vor kurzem tauschte Teva den Vorstandsvorsitzenden aus, ein erfahrener Turn-around-Manager soll es nun richten. Weltweit will das Unternehmen rund 5 000 Arbeitsplätze abbauen, das sind zehn Prozent der Belegschaft. Teva ringt um eine neue, zukunftssichernde Strategie, will dabei die Abhängigkeit vom Generikageschäft reduzieren und energischer daran arbeiten, eigene innovative Medikamente zu finden. (6), (7)

Etliche Konzerne haben sich beide Geschäftsmodelle in ihr Portfolio geholt, wie folgende Beispiele zeigen: Novartis/Sandoz kaufte einst Hexal, Winthrop ging an Sanofi, Actavis will Warner-Chilcott übernehmen. Die einst rein forschenden Pharmahersteller verfolgen ebenfalls unterschiedliche Strategien. Fast alle sparen, bauen Arbeitsplätze ab, reduzieren den Vertrieb, legen Forschungsabteilungen zusammen; darüber hinaus werden durchaus unterschiedliche Maßnahmen ergriffen. Die einen setzen erst recht auf ihr Kerngeschäft mit patentgeschützten Arzneimitteln und verkaufen andere Sparten, die anderen kaufen forschende Biotechfirmen zu. Sie bieten selbst Generika an, diversifizieren in andere Geschäftsfelder (z.B. Tiergesundheit) oder weiten ihren Absatzmarkt aus (z.B. Lateinamerika). (2), (3)

Trends

Biosimilars erzielen derzeit rund 2,5 Milliarden Dollar Umsatz im Jahr. Experten schätzen, dass der weltweite Umsatz mit Biosimilars in sechs Jahren zwischen elf und 25 Milliarden Dollar liegen wird. Der Markteintritt der Biosimilars wird sehr zurückhaltend eingeschätzt und den Wellen biotechnologischer Arzneimittel folgen:Die erste Welle biotechnologischer Arzneimittel:Dazu werden die drei Wirkstoffgruppen Epoetin (Wachstumsfaktor), Filgrastim (Immunstimulator) und Somatropin (Wachstumshormon) gezählt. Für sie gibt es bereits Nachahmerprodukte, also Biosimilars. Nur für die Epoetine ist der Preis seit der Einführung der Biosimilars deutlich gesunken.Die zweite Welle:Bis 2020 verlieren nach Angaben des Branchendienstes IMS Health die zwölf umsatzstärksten biotechnologisch hergestellten Medikamente ihren Patentschutz. Dazu zählen das Rheumamittel Enbrel des amerikanischen Anbieters Amgen, das Diabetesmittel Lantus von Sanofi und Mabthera von Roche. Für sie gibt es noch keine Biosimilars.Die dritte Welle:Dazu werden Präparate gezählt, die erst nach 2020 ihren Patentschutz verlieren. Dazu zählen etwa Benlysta zur Behandlung der Autoimmunschwäche Lupus und Prolia zur Osteoporose-Therapie. (8)

Fallbeispiele

Novartis musste mit Generikakonkurrenz für seinen Blutdrucksenker Diovan rechnen, als dessen amerikanisches Patent im Herbst 2012 auslief. Doch der Angriff generischer Wettbewerbsprodukte blieb aus, weil der indische Hersteller Ranbaxy wegen Qualitätsproblemen nicht in die USA liefern durfte. Bei Glivec (Leukämie), dem meistverkauften Präparat, fällt der Kopierschutz in den USA voraussichtlich 2015 und in Europa 2016 weg. Tasigna und Afinitor, zwei neue Krebsprodukte, versprechen den Mindererlös zusammen mit weiteren Onkologieheilmitteln zu kompensieren. Dennoch baut Konzernlenker Joseph Jimenez den Schweizer Pharmakonzern um. Novartis will sich künftig auf Sparten konzentrieren, die eine kritische Größe haben und weltweit aufgestellt sind. Das trifft auf Pharma, Augenheilkunde und Generika zu. Auf dem Prüfstand stehen hingegen die kleineren Geschäftsbereiche Impfstoffe und Diagnostik, nicht verschreibungspflichtige Medikamente (OTC) und

Tiergesundheit. Die Bluttransfusions-Diagnostik wurde bereits verkauft. (3), (9), (10)
Novartis arbeitet auch an Biosimilaren. Sandoz, die Generika-Division des Konzerns, beginnt mit klinischen Studien der Phase III für ein Biosimilar zum Originalmedikament Humira (Adalimumab) von AbbVie. Das Medikament wird zur Behandlung von Autoimmunerkrankungen wie rheumatoider Arthritis, der Hautkrankheit Psoriasis und der chronisch-entzündlichen Darmerkrankung Morbus Crohn eingesetzt. Sandoz beginnt damit die achte Phase-III-Testreihe mit insgesamt sechs Biosimilar-Kandidaten. (11)
Thomas und Andreas Strüngmann wollen zusammen mit der Formycon AG aus München ein Biosimilar zur Marktreife entwickeln. Noch ist nicht bekannt, welches es sein wird. Möglich wäre das von Novartis vertriebene Augenmittel Lucentis oder Benlysta von Glaxo-Smith-Kline zur Therapie der Autoimmunkrankheit Lupus. (4)
Vier Biosimilars hat die Europäische Kommission im vergangenen Jahr zugelassen, darunter eine von Stada entwickelte Version des vom amerikanischen Konzern Amgen entwickelten Krebsmittels Neupogen. Folgen könnte eine Nachahmung des Diabetesmittels Lantus sein, an der Boehringer Ingelheim arbeitet. (8)
Dem zweitgrößten britischen Pharmakonzern Astra-Zeneca machte im dritten Quartal des vergangenen Jahres die Generikakonkurrenz zu schaffen. Unter

dem Strich sei der Gewinn auf 1,2 Milliarden Dollar nach 1,5 Milliarden im Vorjahreszeitraum gefallen, hatte das Unternehmen mitgeteilt. (12)
Auch der amerikanische Pharmakonzern Merck & Co. kämpft mit rückläufigen Umsätzen, minus vier Prozent waren es im zurückliegenden dritten Quartal. Allein der Umsatz des Asthmamittels Singulair - einst das umsatzstärkste Produkt, das im dritten Quartal 2012 seinen Patentschutz in Amerika verloren hat - stürzte um 53 Prozent ab. (13)
Generika- und Markenhersteller Stada arbeitet an der Ausweitung seines Absatzgebietes und will so bald wie möglich in Myanmar Produktion und Vertrieb aufnehmen. (14)

Zahlen & Fakten

Abbildung 1: Die Top 10 Unternehmen im Generikamarkt nach Umsatz im Jahr 2011

Rang	Unternehmen	Land	Umsatz 2011 in Milliarden Dollar
1	Teva	Israel	18,3

2	Sandoz	Schweiz	9,5
3	Watson, Actavis *	USA, Island	7,1
4	Mylan	USA	6,1
5	Hospira	USA	3,1
6	Zentiva (Sanofi)	Frankreich	2,4
7	STADA Arzneimittel AG	Deutschland	2,4
8	Ranbaxy	Indien	2,1
9	Dr. Reddys	Indien	1,2
10	Apotex	Kanada	1,0

* Gemeinsamer Umsatz, Übernahme von Actavis durch Watson im April 2012.

Quelle: Unternehmen Entnommen aus: Wirtschaftswoche, 49/2012, S. 66 (15)

Weiterführende Literatur

(1) Neue Generika 2013: Generikaunternehmen schaffen 1.265 neue Möglichkeiten, mit Arzneimitteln zu sparen
aus news aktuell, 2014-01-07

(2) Zwei Rezepte für das Leben ohne Blockbuster
aus Frankfurter Allgemeine Zeitung, 30.10.2013, Nr. 252, S. 15

(3) Trendwende in der Pharmawelt
aus Handelsblatt Nr. 204 vom 23.10.2013 Seite 020

(4) Hexal-Gründer setzen wieder auf günstige Arzneimittel
aus Frankfurter Allgemeine Zeitung, 13.12.2013, Nr. 290, S. 17

(5) Harter Preiskampf im Milliardenmarkt für Biosimilars erwartet Umfrage unter mehr als 80 Führungskräften international tätiger Pharmakonzerne aus 16 Ländern und vier Kontinenten
aus bionity.com News vom 18.12.2013

(6) Schlingerkurs in Tel Aviv
aus Frankfurter Allgemeine Zeitung, 01.11.2013, Nr. 254, S. 18

(7) Pharmariese Teva findet neuen Chef
aus Handelsblatt Nr. 007 vom 10.01.2014 Seite 024

(8) Günstige Medikamente lassen länger auf sich warten
aus Frankfurter Allgemeine Zeitung, 09.01.2014, Nr. 7, S. 15

(9) Novartis-Chef will Konzernumbau in einem Jahr durchziehen

aus - CHEManager vom 05.12.2013, Heft 23-24/2013, Seite 2

(10) In der Gerüchteküche brodelt es um Novartis
aus Finanz und Wirtschaft vom 11.01.2014, Seite 9

(11) Novartis/Sandoz beginnt mit Phase-III-Tests für Biosimilar zu Humira von AbbVie
aus AWP Finanznachrichten Nr. 190 vom 19.12.2013

(12) Astra-Zeneca unter Druck
aus Frankfurter Allgemeine Zeitung, 01.11.2013, Nr. 254, S. 15

(13) Patentabläufe belasten Merck
aus Frankfurter Allgemeine Zeitung, 29.10.2013, Nr. 251, S. 13

(14) Stada liefert seine Präparate jetzt auch nach Myanmar
aus Ärzte Zeitung Nr. 189 vom 18.12.2013, Seite 16

(15) International: Top 10 Unternehmen im Generikamarkt 2011
aus Wirtschaftswoche, 49/2012, S. 66

Impressum

Generika - Biosimilars haben es schwer

Bibliografische Information der deutschen Nationalbibliothek

Die Deutsche Nationalbibliothek verzeichnet diese Publikation in der deutschen Nationalbibliografie; detaillierte bibliografische Daten sind im Internet über http://dnb.d-nb.de abrufbar.

ISBN: 978-3-7379-5758-8

© 2015 GBI-Genios Deutsche Wirtschaftsdatenbank GmbH, Freischützstraße 96, 81927 München, www.genios.de

Alle Rechte vorbehalten. Dieses Werk ist einschließlich aller seiner Teile – z.B. Texte, Tabellen und Grafiken - urheberrechtlich geschützt. Jede Verwertung außerhalb der Grenzen des Urheberrechtsgesetzes bedarf der vorherigen Zustimmung des Verlags. Dies gilt insbesondere auch für auszugsweise Nachdrucke, fotomechanische Vervielfältigungen (Fotokopie/Mikroskopie), Übersetzungen, Auswertungen durch Datenbanken oder ähnliche Einrichtungen und die Einspeicherung und Verarbeitung in elektronischen Systemen.